Nicoletta Russo

Elisea

"Amore, filosofia e psiche"

Un encomio in acrostico

Non posso non gridare al vento della vita.

Infinitamente bella lei,

Con la forza dello spirito:

Omaggio ai suoi occhi color dell'amore. Lascia cantare liberamente il cuore.

Eterea stella volata dal cielo sulla terra,

Tenera gioia,solo che ci sei.

T'arda la fiamma di "essere"oltre i confini

Arrabbiati delle miserie di chi non vive.

Rema in questo mare verso orizzonti

Utili ai tuoi passi,senza esitazioni

Starai nella culla dei tuoi pensieri.

Senza mai chiederti:nostalgia dei miei cieli?

Oggi i tuoi cieli li guardano le stelle.

Nicoletta Russo

Descrizione libro:

Elisea Amore, filosofia e psiche è un'antologia di pensieri,poesie,riflessioni filosofiche e psicologiche riguardanti la natura imperfetta dell'uomo.

Include poesie ed epistole d'amore che hanno come sfondo la natura e i paesaggi idilliaci descritti dall'autrice Nicoletta Russo che racchiudono una finestra sui sentimenti più nascosti dell'animo umano, in uno scrigno di pensieri che si configura come flusso ininterrotto della coscienza. "L'Elisea" è un'opera composta a giugno 2014 ed ha come sfondo la storia passionale, segreta di Elisea e Venanzio. Due cugini amanti legati da un amore impossibile. La donna è l'anima dell'opera,personaggio principale fittizio. La sua storia è introdotta nella prefazione del libro. L'autrice racconta all'interno di queste pagine la sua immensa cultura appresa negli anni scolastici – liceali, per questo motivo attribuisce al titolo, il sottotitolo di filosofia. Nella prima parte riprende vari elementi della Divina Commedia di Dante Alighieri;Inferno,Purgatorio e Paradiso,la teoria dell'es, io e Super io di Sigmud Freud, teoria della reminiscenza di Platone,Carpe Diem Oraziano,concezione del tempo secondo Seneca.

Nella seconda parte troviamo il principio della morale di Nietzsche,la concezione sulla vita,il concetto di anima sempre presente nelle raccolte della Russo.

Lo stile è semplice. I versi delle poesie sono liberi in chiave moderna. Elisea affronta un percorso interiore che la porta ad un totale dissolvimento dell'ateismo cui si è sempre aggrappata. Ed è così che inizia a meditare sui temi del peccato, avvertendo di farsi ammenda dei propri. Parallelamente avviene la scoperta della sessualità, inteso non solo come mero appagamento dei più bassi istinti fisici, ma soprattutto come forma d'amore, una totale fusione di corpi che cela in realtà,l'unione completa di due anime, il cui sentimento è autentico da sublimarsi in qualcosa di spirituale.

Biografia di Elisea

"Elisea"di origine campana visse negli anni '90 a Napoli con la sua famiglia benestante. Figlia di un notaio ed una madre imprenditrice, poco nota a causa delle sue "fittizie"condizioni economiche precarie. Ingannava "l'altra società".

La donna era anticonformista e atea crebbe in un mondo intellettuale erudito, mostrava particolare interesse per la musica classica, l'arte e la lettura per i romanzi criminali. Il suo sogno era quello di combattere la malavita realizzandosi nelle vesti di giudice antimafia. Un desiderio nel cassetto che, sfortunatamente non riuscì a portare a termine, in quanto ,uno dei membri della sua famiglia si fece corrompere per una sporca somma di denaro per ampliare il commercio edilizio abusivo. L'illegalità e la criminalità portarono a quest'ultima un forte interesse nell'intraprendere studi giuridici all'età di 25 anni. Ella era attivista. La sua ideologia politica era fortemente contrastata dagli intellettuali dell'epoca. Era considerata "populista",immaginava un mondo senza corruzione, fatto di politici buoni che potevano aiutare la popolazione disagiata. Aumentando sussidi lavoratori affinchè spronassero i giovani ad imbattersi in un futuro migliore mediante un lavoro Onesto e Dignitoso. Utopia in quell'epoca. La donna subì diverse molestie psico-sessuali in età prematura.

Fu vittima di diverse violenze,tra cui quelle di un'insegnante delle elementari che le conseguirono diversi traumi, a tal punto di tentare il suicidio all'età di 16 anni... Che riuscirà a superare soltanto all'età di 21 anni grazie al suo "Maestro di vita " attraverso le fede in Dio.

Non ebbe un'infanzia felice.

All'età di 11 anni si innamorò di Venanzio,il suo Grande Amore platonico che amerà per tutta la sua vita, a cui dedicherà maggior parte della sua opera.

Elisea man mano che cresceva diventava sempre più sensuale e seducente. Ebbe diversi amori. Da uno di "loro" ebbe il suo primo figlio Paride e da quel momento divenne la donna più felice del mondo. Due anni dopo si sposò con un uomo passionale con il quale ebbe una seconda gravidanza che purtroppo fu interrotta da un aborto spontaneo.

Non fu chiara la situazione psicologica di Elisea in quanto era una donna con mille volti sempre distinti e differenti,aveva una forte personalità e carisma. Solo un uomo seppe conquistarla in tutti i sensi .Da quest'ultimo si fece dipingere senza veli in uno dei suoi lussuosi appartamenti, omaggiando alla sua immensa bellezza diverse lettere d'amore che faranno da pilastro in questo libro.

Prefazione

Un giorno mentre il bisnonno moribondo,giaceva sul letto inerme.

Con il suo ultimo respiro.

Fu l'unico spettatore oculare di quel bacio passionale,molto proibito ma allo stesso tempo sincero. Disse il giovane innamorato Venanzio che ciò doveva essere un segreto.

Un segreto immortalato nei ricordi soprattutto nei sogni.

Elisea prima di morire disse:

"Quando sarò in fin di vita, la mia anima sarà volata in inferno nel secondo girone laddove è infetta la Lussuria.

Io ti aspetterò lì, insieme agli altri peccatori.

Con la mia chioma riccia,nuda come il tuo famoso quadro. Tu mi riconoscerai e mi chiamerai "Elisea"ed io sarò tua per sempre.

Mi trafiggerai il cuore ormai spento e privo di battito.

"Ode Ad Elisea"

Oh Elisea.

Al chiar di luna,

 aspetti in trepidante il tuo amante segreto.

L'amante che ti risveglierà dal sonno profondo,perduto.

Con un bacio o la spada affilata ti infrangerà l'anima pressante.

In vita tua,amasti follemente solo un uomo,

Il tuo Venanzio di sempre.

Quello vissuto in tutte le epoche antiche,in vesti e ruoli diversi.

La vostra ultima sfortuna è che in questa vita,vincolati da legame sanguigno,

Pronunciasti il suo vero nome.

Sapevi che l'Oblio ti avrebbe condannata a non rivederlo mai più.

Ma il tuo dolore costante, costrinse il tuo cuore a dichiarare l'amore puro

Su un pezzo di carta qualunque.

Maledetta sia tu Elisea, che con l'incesto macchiasti un amore innocente di cui

Ora il tuo cuore è schiavo!

Elisea innamorata, sei peggio di un mare in tempesta.

Stai morendo per il tuo cavaliere errante

Che ti salverà all'inferno.

Pronunciando questo nome mai esistito

Oh Elisea...

Teoria Sull'Esistenza

Immersa negli abissi dell'incoscienza ,

mi rivedo in altre vesti. Chi ero? Chi sono oggi?

Poco importa.

Ma la tale inesperienza porta la ragione a confondersi con l'ES, immaginando posti mai esistiti.

Vedo una schiava di Caligola costretta a vomitare il cibo ingozzato con ferocia. Questa donna era stata costretta a subire dall'imperatore,una violenza inaudita.

Mi rivedo poi, nelle vesti di una delle ancelle di Cleopatra…,e ancora mi rivedo nei panni della Regina Maria Antonietta di Francia,stento a credere che sia vissuta in queste epoche. Non io personalmente. Ma la mia anima!

 Ero immortalata in quei corpi oppressi. Cerco di indagare su altre epoche più remote,ma riesco a vedere solo puntini in versione 8 bit come quei primi video games che avevano la grafica non squadrabile!

Sto sforzando la ghiandola Pineale per liberarmi definitivamente della ragione e perdermi nel baratro dell'inconscio
………………………*Ho raggiunto una nuova dimensione* che non mi permette di capire perché è cosi complicato oltrepassare quella linea sottilissima. Se la nostra anima si bagnasse nel fiume Oblio, perché metto in dubbio che esistano altre vite?e non la morte in

assoluto?Guardo i miei simili e mi accorgo che hanno paura di morire. Fisicamente temo di diventare cenere o mangime per vermi sanguinari. Ma la mia psiche m'incoraggia, poiché, è giunta alla catalessi primordiale. Se nella società ricopriamo dei ruoli specifici. Perchè non ricoprili in altre vite dopo la morte di quest'ultima?Allora si parla di continuità,una logica circolare che vale anche per la sopravvivenza degli uomini.

"Si nasce,si cresce,si muore e ci si rigenera all'infinito".

Siamo splendide creature dalle anime immortali,

come le ginestre del Vesuvio,

che bruciate dalla lava incandescente,

germogliano dalla scura cenere,

come bruchi diventano farfalle splendide.

Il ciclo terrestre è infinito

Si nasce.

Si cresce,

si muore e

ci si rigenera all'infinito.

Infinito,

come lo spazio,

l'oceano immenso.

Siamo piccoli puntini luminosi che cercano la meta per un'intera
vita.

Temendo il male oscuro,la morte.

Carpe Diem;

Il tempo non va sprecato a vuoto.

Ed io amo sprecarlo così.

Scrivendo quattro righe,

Che forse non illuminerà mai le menti dei "dormienti".

Sono sapiente perché sperimento la mia vita modificando idee e pensieri,cerco a modo mio di interpretare i misteri della vita.

Io vivo,

esisto,

sono autarchico e gestisco le miei effimere emozioni mediante lo sfogo di uno scrittore che non sono io ma la mia anima.

3 luglio 2014 ore 9:30

"Alla vita"o "al mio destino melanconico"

La vita mi riconduce in quel baratro oscuro,

trattengo le lacrime per non pensare a quel dolore atroce che mi pervade l'anima.

Ho bisogno di te,ora più che mai.

Se esisti davvero soccombi il mio malore.

Il mio spirito si è addormentato in qualche luogo freddo.

Non lasciarmi …,respira in me.

Salvami dalle tenebre.

Solo tu sei la vita in mezzo alla morte.

Pronuncia il mio nome.

Allontanami dalle menzogne.

Rendimi vera.

Non voglio chiudermi in me stessa.

O fato, aiutami ad uscire da questa prigione,da quest'incubo.

Aiutami a capire laddove ho sbagliato.

Illuminami d'immenso.

Epistola del 25 luglio 2014 di Mena Aruta a sua madre Clotilde Rullo.

Abbandonata alla realtà,oppure non saprei che cosa sia,mi sta capitando di sognare e immedesimarmi in un corpo che non sia il mio.

Ho questa esigenza di scriverti ancora .Io esisto davvero. L'essere umano è in grado di avverare cose meravigliose ...

Cara mamma,io voglio solo che tu sia felice, sono apparsa in sogno di questa donna di cui non conosco il nome, avverto il tuo dolore nelle tue preghiere, hai visto?? Viene da piangere anche a me, cioè la donna che ora ho incaricato di scrivere. Io sono sempre con te,e cerco di darti la forza di andare avanti. Papà è qui con me,e mi dice che sei stata una moglie fantastica,ti risposerebbe altre mille volte. Mi manchi mamma,sei la mamma che ho sempre sognato,o forse che tutti i figli vorrebbero avere. Goditi questi anni della tua vita con serenità,perché noi qui siamo felici e prima o poi ci rivedremo tutti quanti. Esiste un' altra vita dopo la morte,ovvero è l'anima che non muore mai,anche in questo momento ti sto abbracciando forte,forte .....Raramente ci danno la possibilità di vivere in un corpo esistente per manifestarci anche un solo istante. Ogni volta che sei triste rileggi questo pezzo di carta. Così non ti sentirai mai più sola.

Buon Compleanno Mamma

Da tua figlia Mena.   22/07/2014

"Teoria della vita"

L'incertezza della vita porta l'essere umano di temere se stesso. Il giorno in cui me ne andrò sarò fiera di aver vissuto pienamente la mia vita.

Incerta della missione in questo mondo. Esiste un Dio morale o religioso?

Il dilemma che mi assale ogni giorno. Questa vita è fatta solo di delusioni o di effimere soddisfazioni che in termini comuni si contraddistinguono in vittorie e sconfitte.

La mia vittoria è sicuramente porre il mio aiuto a chi è più sfortunato di me,ciò mi rende felice.

 Anche se non dispongo di alcuna ricchezza materiale.

Il mondo che vorrei è utopia: la guerra è ammessa ma senza violenza,i politici non esercitano il bene comune come dovrebbero,in quest'epoca sperperano il denaro pubblico favoreggiando la mafia,impoverendoci mediante delle tasse assurde,leggi insensate,pene gravissime ridotte a 10 anni. Stanno distruggendo la mia splendida nazione. L'Italia ... Basta omicidi, suicidi di Stato,basta morti innocenti! La storia dell'uomo è sempre stata cosi', segue un continuum,una logica circolare di eventi esistenziali e circostanziali che permettono ad esso di agire in un certo modo. Studio la letteratura e la filosofia in modo anarchico,erudito. Un riflesso

Incondizionato necessita di farmi essere riflessiva su certe questioni esistenziali evidenziando qualche esito del mio flusso di pensieri costanti che mi assalgono ogni singolo giorno della mia esistenza.

"Cuore Infranto"

Il sole delle mie giornate cerca di splendere anche quando piove.

Come una goccia di rugiada che muore dalla foglia stremata dalla tempesta.

Sento un rumore di un petalo di rosa cadere su un terreno arido,

ormai invecchiato dal tempo,

disidratato,

abbandonato.

Ti cerco nei miei sogni ,

il tempo di dirti ti amo e poi,andarmene.

Il tempo di rendermi conto che in realtà non esisti più,

Mio caro cuore Infranto.

Cessa di battere il prima possibile.

Fai presto!

Prima che il mio Dio mi restituisca l'anima indietro.

"E' L'ALBA"

L'elisir della vita profuma d'arancio,

l'anima girovaga nel giardino alberato di pino.

Commossa dinanzi a tanto Amore,

Quell' amore fiabesco.

Mai esistito.

Si rifiuta di crederci

Ormai sconfitta dall'orgoglio.

L'orologio di casa,ad un tratto si ferma,

le lancette si immobilizzano all'ora trascorsa,

ormai passata.

Delle otto meno venti di quella mattina del primo settembre,

solo un misero ricordo ne è rimasto.

Il cuore cessò l'ultimo battito,

la vista si oscuro.

Tutto divenne terribilmente freddo.

Ingannata,

Delusa,

Tradita.

Il suono si ruppe nel silenzio macabro.

Non esisteva più nulla.

Vedevo solo lui,

la sua meravigliosa immagine sacra,

su un cavallo nero alato.

Pronto a portarmi via con se per sempre.

Non in un luogo meraviglioso come il limbo.

Ma all' Inferno.

Bruceremo insieme inghiottiti dalle fiamme della Lussuria.

Niente e nessuno potrà fermarci.

Elisea e Venanzio,

saranno la storia del domani.

Un amore proibito ma lecito.

Degno di chiamarsi Amore.

"Eterno Amore Mio"

Amore distante,costante.

Il motivo che mi tiene ancora in vita.

Penso a te e dimentico la monotonia

Che prevale ogni giorno,in questa trasandata dimora in cui alloggiano i miei vespri.

Eterno tu sei,Amore mio bello,

guardo una scogliera bianca

e immortalo l'immagine del tuo viso candido,senza alcuna imperfezione.

Mi ritorni in mente,ascoltando una dolce sinfonia e ti immagino qui con me,

che accarezzi il mio viso,ricoperto di cipria bianca che nasconde le mie ferite,i miei pianti.

Vorrei dirti quanto sei importante,

quanto ti ho amato e quanto Ti Amo Ancora.

Ti rivedo nei suoi occhi,ti sento.

Non odiare mai questa donna

Perché ti ha amato con l'anima.

Il dolore è forte,ma ce la faccio.

I sogni sono come tante speranze

Muoiono per ultimi.

E quando avrò le rughe, i capelli color argento allora ti dirò che il Vero Amore esiste.

Quell'Amore sei tu,Vita mia.

7/08/2014 ore 16:11

" Buongiorno"

Buongiorno a questa meravigliosa mattina che ha aperto gli occhi insieme a me.

Buongiorno al mio amore che dorme ancora,ed io lo guardo sentendomi la mamma più felice al mondo.

Buongiorno a chi piange perché ha perso il senso della vita.

Buongiorno a chi sorride al sole e alla pioggia.

Buongiorno a chi mi vuole bene e nonostante le delusioni e crede ancora in me.

Buongiorno alla mia vicina che mi tende sempre la mano.

Buongiorno al ricco che viaggia in uno yacht e piange miseria.

Buongiorno a chi non arriva a fine mese e inventa cento mestieri al giorno per guadagnarsi da vivere.

Buongiorno a chi combatte tra la vita e la morte su un letto d'ospedale.

Buongiorno a chi oggi perde la vita da eroe.

Buongiorno ai Maestri,dottori,poliziotti e tutti quelli che operano il bene collettivo.

Buongiorno al Terzo Mondo

Buongiorno a tutto il mondo

Buongiorno a questa donna che spreca il suo tempo per amore degli altri.

Buongiorno a me che nonostante le amarezze sono sempre la stessa.

"Insegnamento di vita"

Il grigio cielo di quest'oggi,

si ripercuote su un silenzioso stato d'animo.

Nell'aria si respira l'apatia,

il mare è apparentemente calmo,

il sole gioca a nascondino con le altissime montagne verdi.

Un bambino corre spensierato nella piccola stradicciola sabbiosa,

mentre una madre ammira il paesaggio idilliaco,distratta.

Pone lo sguardo ad un meraviglioso fiore di loto,su cui posa una splendida farfalla dai colori vivaci,

Ne trae il polline

E vola via.

Quel bambino spensierato inseguendo una libellula,

non vide arrivare quell'ombra nera in lontananza che l'avrebbe portato via per sempre.

Proprio quel banalissimo giorno d'agosto,

nessuno avrebbe presagito il dramma,

non era previsto nessun funerale.

Quei nove anni non diventeranno mai dieci.

La donna che ha visto morire improvvisamente davanti agli occhi,

suo figlio ,emana il suo grido di dolore lancinante che spazzerebbe via un intera foresta. Devasterebbe un'intera popolazione. Come un uragano.

L'anima di quell'angelo è già altrove. Un' aquila bianca se l'è portato via,non può consolare quella povera madre afflitta.

Il senso della vita ora ha perduto.

La gente osserva quella donna in preda dalla disperazione. Non una parola di conforto,solo critiche, sentenze e pregiudizi.

Nessuna commiserazione.

Che mondo balordo è questo?

Non si rispetta nemmeno un lutto!

Non esiste solidarietà.

L'egoismo umano ha preso il sopravvento su tutti.

L'infamia non ha confini.

Il cielo cambia umore definitivamente.

Pioviggina ….. Grandina …..il mare è arrabbiato. Cerca di consolare la donna con le onde, le fa capire che questa vita è come esso

prende e non restituisce,raccoglie le pietre più preziose,le leviga, e le regala all'oceano per sempre.

Il rumore assordante che dipinge quell'infinita agonia,

mi penetra nel cuore,ed una vena mi si spezza.

Mi immedesimo in lei.

Mi rendo conto che quando una madre perde il suo bambino è innaturale,è qualcosa di insopportabile,inspiegabile. Allo stesso tempo comprendo che la vita è preziosa per essere sprecata,non serve a nulla lagnarsi su latte versato,quel che fatto è fatto.

Non si torna più indietro.

Vivo giorno per giorno (carpe diem)

Oggi siamo vivi,

domani chissà.

Ieri è solo un bellissimo ricordo.

Mi godo questo viaggio di sola andata.

Brutto o bello,

Dolce o salato

Tenebroso o soleggiato,

Vivo quest'oggi come se fosse l'ultimo della mia folle vita.

"Emozioni"

Era un giorno d'estate,

un giorno qualsiasi.

Era l'ora di punta di un pomeriggio abbastanza soleggiato.

Distesa sotto un cipresso

Con lo sguardo verso il cielo.

Il fiume scorre,

il profumo fresco delle orchidee inebriò la mia mente vagabonda.

Mi trasportò in luoghi strani ma meravigliosi.

Non esisteva un tempo,non esisteva spazio.

C'erano solo emozioni,fortemente contrastanti ma insieme tutte colorate erano divine ...

Ognuna con un umore distinto.

C'era l'allegria che con un sorriso mi porta via.

C'era la tristezza un mare in tempesta.

C'era la rabbia fuoco e fiamme ...

C'era la calma un deserto piatto.

C'era confusione un losco labirinto ....

C'eravamo noi un vento di passione caldo da bruciarmi i pensieri
.... Amarti è un suicidio dell'anima.

"Meravigliosa Luna"

Luna piena,

serena,

che ombreggi sull'umore oltraggiante

di un cuore che batte incessante.

Augurami la tregua di un respiro innocente.

Elimina l'ansia distruttiva di una coscienza combattuta e stanca.

Emergi dall'oscurità con il tuo splendore,

illumina il cammino a chi ha perso il senso dell'orientamento in questo labirinto senza vie d'uscita.

Elimina le paure infantili,

Io so che dietro quell'abete fischia solo il vento.

Non esiste creatura malvagia che voglia intralciare la strada.

La ragione incoraggia l'incoscienza dicendo:

Fidati del tuo IO Supervisore,

di questa lunga vita triste , ma allo stesso tempo allegra...

Sarai felice solo perché esiste lei...Meravigliosa luna.

"lode all'amore ..."

Mi sembra un bellissimo sogno

averti al mio fianco,come sposo,amante,amico.

Mi sembra di ballare un inebriante valzer lento.

Ogni tuo movimento delicato ,

mi sfiora leggermente l'epidermide.

Sento i brividi.

Ogni tua carezza,ogni bacio mi fa ardere di passione.

E la vita appare semplice senza problemi,tensioni e turbamenti.

Meraviglioso solo quando ci sei.

Non mancarmi mai.

Fammi spiccare il volo con te su questa pista incondizionata come
il nostro Amore.

Ti vivo giorno per giorno,

il tuo profumo sulla mia pelle è poesia.

Le tue lodi sbocciano come rose a primavera.

Mutano in una dolce sinfonia che mi stordisce la mente.

L'innamoramento è una chimica che scorre nelle vene, bloccandoti quasi tutto il braccio destro, senti le farfalle nello stomaco. Nel sangue si sprigionano le endorfine proprio come quando si mangia il cioccolato..

E tu diventi il centro del mondo. Nessuno può fermarti. Perché l'amore con la A maiuscola esiste davvero. Il mio ateismo ferrato sta crollando.

Si sta sfaldando lentamente.

E'giunta la fine di falsi pregiudizi,schemi sociali futili.

L'Amore trionfa.

Non importa se sei bambino,giovane o vecchio.

L'importante è crederci fino in fondo.

Aver fiducia, anche quando tanti Giuda ti hanno pugnalato,

è un' atto di coraggio.

Sono già morta ma,

sono felice di morire per poi rinascere in modi diversi.

Nessun evento è eguagliabile a quello precedente.

La diversità mi fa essere sempre più vigile nei piccoli dettagli.
Amo la tua filosofia,lusinga la mia anima.

 Ascoltarti è arte, il tuo messaggio è per pochi.

Ed io mi vanto di questo privilegio.

Cioè di averti incontrato dopo una lunga e interminabile
sofferenza.

Questo è l'inizio di un capitolo sublime della nostra vita.

Viviamo questo amore con tutta la soddisfazione e la clemenza
che la vita ci sta riservando.

Sei il segreto più misterioso da svelare.

Ma non voglio rivelarlo nemmeno al vento.

Perché mi sono innamorata di te,

e neanche i fiori profumati di questa casa lo devono percepire.

Ti amo in silenzio.

 La nostra tacita passione diventerà la storia d'amore esemplare
per le future generazioni.

16/10/2014

"Al mio amante Venanzio"

Uccidimi con il siero del tuo amore folle,

vomitami addosso la tua smisurata passione terribilmente eccitante quanto dolorosa

Trafiggimi il cuore col ti amo incazzato che mi dicesti suonando l'ultima nota di quel maledettissimo strumento che dolcemente mi ha fatto innamorare di te.

Fammi sentire il dolore che provi quando mi pensi e sto insieme ad un altro.

Avvelenami l'anima vita mia ma,

non smettere mai di amarmi.

Tua Elisea follemente innamorata.

Per Elisea da Venanzio

Cara Elisea!

Sei stupenda e così delicata già nella voce suadente,

serena,che ti tocca la penna del cuore.

 Sono le mie sensazioni,non artificiose ne tirate con una molla.
Naturale non un messaggio adulatore.

Sei bella,"sei parecchie qualità".

Sei giovane con i piedi per terra.

Oggi responsabile di te stessa,

per quella che sei,e per quello che vorrai essere.

 E' il sogno di ognuno voler' essere di più....

Sono piu' che lusingato di esserti compagno di viaggio nella vie
delicate,infine,personali dello spirito.

Sono fortunato per il nostro "TU" Meraviglioso! E' un libro
aperto,non comunicabile:è il nostro segreto. Io leggo te,tu leggi
me.

Io scrivo te,tu scrivi me.

 Si fondono come in un'unica identità. Un gran miracolo,che ci fa
essere semplici,sinceri,discreti,veri......

Ci fa prendere le nostre anime, assetate di ricevere e di dare,per quella unica e irripetibile personalità che ci rende unici, essenziali, profondi in un mare; dove cerchiamo di navigare con sapienza di spirito e di intelletto.

Che sapore di gioia grande è il nostro "sabato"atteso con palpitazione! Incontrarci per sorridere,

guardarci e dire: la vita non è poi tanto sparagnina nell'amore.

Ci mette anche su sentieri dove c'è il periodo della vita,anche se solo "in un sodalizio d'autore"… per noi .Ma le emozioni non si fermano solo su questa soglia…

Carissima Elisea ti nomino al mio cuore con grande gioia…la gioia già di chiamarci per nome … Come sei bella… Come sei qualcuno dentro di Me!

Grazie di accordarmi tanta devozione alla vita.

Alla mia Elisea

Adorabile e statuaria Elisea, Ciao!

Ti sento attraverso queste righe col linguaggio più semplice,più confidenziale, più emotivo;

quello più caldo che si deve a te.

Mia carissima amica, così giovane negli anni,

ma di una statura... che tanto lusinga il mio spirito.

Tante virtù la fanno da padrona... in te,

con tanta sensibilità, sicura di grandi affermazioni,

aperta a grandi orizzonti, ma anche convinta di grandi responsabilità.

Dicevo una ragazza di grande statura, di un livello mentale maturo,che ha permesso di essere "Io e Te" in un binomio già consolidato.

Ci ha fatto incontrare la stessa nostra "emozione" interiore, il traguardo di un romanzo secondo le nostre autorizzazioni, che offrirà sicuramente un tessuto ideale da due storie che confluiscono nella stessa direzione ad essere "l'unica storia" su binari diversi...Belle le vite romanzate.

Raccolgo ogni volta perle della tua narrazione , che già esprimi con gli occhi,col sorriso,sulle espressioni soft di sincerità, di dignità;anche di certa sofferenza nel tuo percorso formativo,con conflitti interiori,con silenzi che comunque ti hanno fatta crescere e t'hanno irrobustita le ali,che ti stanno facendo volare "sicura",sempre in cerca di essenzialità.

"Al mio fiore stupendo"

Ciao Elisea, in ogni modo bella e amorevole.

Ti sottolineo il mio lungo rammarico per aver assaporato la tua corolla di fiore di campo,modesto,appariscente,ma di grande fascino.

Non il solito fiore bello di serra. No!

Ma un fiore cresciuto con la pioggia, con la tempesta,con l'alluvione,con il vento forte,col freddo,coi rigori dell'inverno. Le tue radici si ramificavano sempre più in profondità. Il fiore cresciuto così non è spazzato via dagli agenti atmosferici No!

E' FORTE.

E' di colori intensi. Il tuo fiore,oggi, detta poesia. Poesia che non è fatta di arzigogoli fantasiosi e fantastici. Una poesia che non tocca i sensi,tocca la sensibilità nelle espressioni di vita. La tua vita. Direi che me la ritrovo a conoscerla "io solo";

la sola persona che si è messa sulla tua strada interiore,sulla tua onda per percepire ogni nota,

ogni battito,ogni oscillamento,

ogni eco di un vissuto che ha fatto sì,

che la tua storia diventasse,poi,poesia.

Poesia anche per me.

Come ti apprezzo,oggi per la tua riservatezza,

e per il valore spirituale anche del sentimento! Io penso comunque che tu abbia colto l'essenza di quella espressione che non era a se stante.

C'è una tua presenza virtuale accanto a me.

Insieme abbiamo intrapreso un viaggio in un mondo affascinante,

quello della poesia,avulsa da ogni prosa,

con l'animo proteso al vicendevole auto racconto.

C'è il fascino ad astrarre,con la consapevolezza di aver vissuto quello che è nel filone del proprio io... l'io con il proprio Dna,con una sua identità. Elisea,

il tuo io l ho accarezzato da quando mi ti sei seduta di fronte e "senza veli" mi hai saputo trasportare nel tuo giovane mondo,

fatto di giovani attese,

esperienze,storie,situazioni che in retrospettiva mi hanno come inchiodato a tener la mano nella mano,per un ascolto delicato.

Dall'insieme evincevo che il tuo fiore di campo,spuntava in un campo,in un prato che voleva essere curato,essere coltivato,perché il suo stelo crescesse diritto.

Si reggesse Con forza e aprisse la sua corolla al caldo della vita,al sole degli anni giovani. Ma non c'è stato.

Che bel fiore mi sono trovato davanti! Me lo voglio coltivare,al modo che me lo permette la vita.

"Amicizia"

Salve Elisea!

 Non è il tuo un nome vellutato,

ma tu che lo porti,

lo rendi così fluido,

che pronunciarlo diventa un accento di cuore.

Perlomeno per me è come un arcobaleno che si staglia come un ponte,

la cui consistenza si afferma sulla nostra forte amicizia:parte da te e arriva a me, parte da me e arriva a te.

 Appartiene all'etereo,

all'astrazione della materia,

appartiene alla purezza dello spirito.

Dei nostri spiriti: forti e incandescenti.

Che gioia!

 Il nostro è un dialogo di prerogative superlative:si fondono le nostre letture interiori. Il nostro racconto diventa elevazione quasi misticismo.

Le tue lacrime diventano perle preziose che vanno a collezionarsi su una collana che avvolge il cuore dell'altro.

Il nostro romanzo è come un fiume sicuramente arriverà ad una foce che andrà a riversarsi in un mare cristallino,prismatico del nostro incontro. Incontro esistenziale: Grazie dell'incommensurabile fiducia!

" All' alba della nostra vita"

E' Vero ...! e' vero!..... vorrei fare 1000 capriole,

un piccolo rivolo sta diventando un fiume e...si ingrosserà sempre di più.

Son sicuro,un piccolo bosco sta diventando una foresta e ... si estenderà sempre di più.

Son sicuro un piccolo sentiero sta diventando una strada....... Ci farà correre verso il sole. Son sicuro,quasi da non credere....ai miei orecchi!!

E' Vero!... è vero! L'ho sentito scandire bene.....

E' una rivoluzione copernicana ....

Si adesso voglio salire la montagna a piedi,senza affanni,senza stanchezza.

Son sicuro non sarà fatica. Per altri versi, per altri dove, forse sì.

Per noi è amore. E' approdo a una spiaggia felice.

"PRIMAVERA GHIACCIATA"

Il dolce risveglio dal profondo sonno.

La splendida fanciulla addormentata negli abissi gelidi del polare Artico finalmente ha riaperto gli occhi.

E' Finalmente sbocciata la primavera d'aprile dentro di me. I suoi occhi verde smeraldo si riflettono nei miei....

Il silenzio circonda le nostre anime che scambiano tra loro tenere effusioni d'amore. Mi chiesi che posto è mai questo? Una voce disse: sono l'inconscio,il tuo.

Tanto infinito,tanto incerto.

C'erano due sagome offuscate che si nascondevano dalla luce abbagliante del sole. L'io il suo intento era quello di svelare l'enigma misterioso e torbido.

Il deserto polveroso trascina con se le due immagini.....e fu cosi che venne la tempesta.

Il vento gelido ghiaccia persino un cuore palpitante di passione come quello di Elisea e Venanzio ....(gli amanti segreti).....

La risposta a questo enigma??

E' solo un sogno.

Incontro parte prima

Se la vita è incontro,dico: grazie alla vita che mi ha fatto incontrare te.

Con gli altri si istaurano incontri; con te è incontro apostrofato, esistenziale.

Incontro di amori …. incontro di anime: la tua e la mia.

Incontro di esistenze.

Incontro del profondo della culla dell'Io.

Incontro dell'es nell'individualità dell'altra. L 'altra sei tu.

Incontro del mio essere col tuo essere,nel tuo essere:

sulla poesia dell'anima.

Incontro di ideali,del nostro poi…… non banale,

ma essenziale…….

Incontro,il nostro,tra "mare" e "cielo".

Incontro nel mistero della vita, che ci fa ricalcare le nostre orme.

Ogni passo senza le orme sulla stessa linea: Camminavamo insieme: due orme tue,due orme mie.

Incontro che fa dire; io sono te.

Incontro che ci fa dire: grazie che ci sei!

Ci stiamo sedendo intorno a una tavola rotonda. Il nostro incontro sarà enciclopedia: E' ascolto.

Ogni pensiero,ogni gioia,ogni sguardo....ci inoltreremo nell'eden in cui si crea per l'altro.

Incontro che creare quel frutto che ci fa gridare all'altro: Quanta è bella la vita!

 Ma si ….. ancor più bello che ci sei tu.

Ancor più bella perché il nostro il nostro è incontro di estremi in un dialogo di vita.

Questo poema è canto alla vita.

Lo moduliamo solo io e te,amore.

Questo motivo lo intoniamo "all'alba della nostra vita;

un'alba che si annunzia color oro e prepara una giornata di sole.

Con amore ti ho scritto,con amore mi leggerai.

"Incontro parte seconda"

Era scritto ... Tu ed Io !

Dove? Nel mistero della vita.

Non secondo le nostre categorie mentali,sociali,temporali e morali.....

Non possiamo stare là imbalsamati in degli statuti,apparentemente naturali,a considerare avvenimenti,cose,persone e...

Tutto diventa pulpito.

No! C'è un di dentro che non può essere ossidato da criteri . C'è sempre UN'IO DENTRO DI NOI; singolare,unico che si relaziona ad altri "io"ma rimane sempre l' "io" irripetibile e assoluto.

I nostri unici "io" si sono incontrati,

non come due atomi,

ma come due entità in cerca, l'un l 'altro negli spazi della vita,perché avevano gli agganci essenziali per formare insieme un piccolo continente e ossigenarsi delle rispettive individualità.

Era scritto. Il mistero rimane.

E' proprio questo mistero "da vita alla nostra vita".

"Grazie"

Voglio come imparare a pronunziare

Il mio grazie di ieri ad oggi

A chi devo dire" grazie davvero"

Grazie a chi mi ha generato,

grazie a chi mi ha accolto,

grazie a chi mi ha pensato.

Grazie a chi crede in me.

A chi confida in me,

a chi si affida a me,

a chi palpita per me.

Grazie a chi soffre per me,

a chi gioisce per me,

grazie a chi esita per me.

Grazie a chi esiste per me.

Grazie a chi guarda con me,

sente con me,

cammina con me,

corre con me,

grazie a chi mi sussurra: ti voglio bene!!

Grazie a chi mi dice: grazie che ci sei.

Grazie a chi mi rapisce l'anima e mi dice:

se non ci fossi stata,

mi saresti mancata

l'aria pura per vivere.

Grazie a chi mi aiuta a vedere la vita bella nel mondo bello.

Grazie a chi mi aiuta a vedere il volto di Dio anche in chi ha cancellato il volto di Dio.

Un grazie universale a quell'universo senza il quale non sarei stata quella che sono.

"TU"

La mia Italia;

tu la mia italianità;

tu,la mia Napoli;

tu,la mia napolitanità.

Tu la federazione di questi spiriti;

tu, l'espressione di questi sentimenti.

Tu, solo tu….

Fino a ieri avevi un volto non conosciuto.

Fino a ieri,non ti conoscevo.

Solo fino a ieri….

L'oggi annulla il tuo ieri.

Tu sei l'oggi:

l'oggi col suo sole…

col suo azzurro giovane….

La tua vita bella,

perché sei tu bella

sei tu giovane

sei tu l'oasi dell'amore,del tuo amore...

"Io peccatore"

Riconosco,o mio DIO,il mio peccato.

Tutto il male che ho fatto nella vita.

Oggi io chiedo il tuo perdono.

Ho trovato un amore limpido e puro.

Ma,se il mio destino è soffrire come allora,fa che lei non venga a piangere con me,

toglimi il suo amore,allontanala da me.

Però lei no!non farla soffrire!

Quante volte nella vita avrò smarrito quella strada che porta fino a te.

Oggi questo amore può salvarci.

O mio Dio non m'abbandonare.

"E' SERA"

Non fidarsi più del tutto...

L'acqua non scorre più dal dirupo.

Manca la vena tra gli acquitrini.

Nel cuore tanta tristezza.

Un mondo senza cuore,

invaso da acquitrini.

C'era la vita.

Oggi montagne.

C'era il verde.

Oggi il deserto.

C'è vita si,ma senza vita.

Ma è sera,è calato il sole.

Non si vede.

Oltre quel che si vede:ombre.

Ma pure tra le ombre vedo...

Vedo la vita che pulsa in un cuore:

vive di te,vive per te.

"Per lei"

Non bisogna passare al microfono le tue intime confessioni di forte personalità.

Sei l'ideale.

Sei l'esemplare.

Sei la pienezza della regola naturale.

Sei la totalità della composizione del tuo "essere":giovane,donna ,sposa,madre…. innamorata della vita progettata in avanti.

Dove il pensiero,il desiderio,la mente,diventano esotici,per sognare giorno per giorno spiagge nuove per essere esplorate e vissute.

Tu,amante dell'amore.

Tu motivo conduttore di un cuore che dice "si" al nuovo essenziale.

Elisea, il messaggio ti arriva su un foglio di carta che non conta niente…ma

Ti porta quella fetta di paradiso,

dove quel frutto è appetito e gustato,

e dà tonalità come in una vasca di Venere spumeggiante e aromatica, dove si contempla e si astrae, per gustare quell'intima musica che ti porta nel cielo sconfinato: e tu aleggi libera come una farfalla che va ad appoggiarsi su un fiore pieno di nettare che diventa miele.

"Solitudine"

La peggior sofferenza che possa provare un essere umano :è la solitudine.

La solitudine è quando sei in mezzo alla gente ed hai la sensazione di essere solo.

Rifiuti il conformismo,la moda, le idee,l'amicizia,l'amore.

Ti perdi nel vuoto fino a toccare il fondo.

Si innesca un meccanismo di trasgressione fino a scoprire l'impossibile,

a tal punto di dimenticare chi sei veramente.

Dimentichi persino il motivo della tua esistenza.

Sogno di mezzanotte

Inebriante,

mi condusse al purgatorio.

Non conoscevo il destino che mi avrebbe riservato,

ci ho solo creduto.

Sarà illusione della mia mente?

Non importa vado avanti lo stesso .

C'era una porta con due chiavi. Oro e argento.

Dovevo scegliere al momento.

Istintivamente scelsi quella d'oro...la porta si aprìì,..... che orrore!

C'era gente, molta gente.

Fui assalita da una folla sconosciuta.

Tra quelle persone c'era una donna che finse di conoscermi,

mi prese con se sotto al braccio.

Muta mi addentrai in questo posto molto insolito.

Era una grande casa a due piani.

La folla in fila indiana si diresse nell' enorme stanza.

Molti tra loro mormoravano :"C'è sangue ovunque".....

"ma quanti manichini ci sono?"…..

Zittita dall'orrore,ascoltavo solo fallaci inciuci.

Mi accorsi che la folla si dimezzava sempre di più.

Tra me e me pensavo: "non sono manichini questi".

Quella laggiù distesa su un lato su quel letto ammuffito che emanava il tanfo del sangue grumito…..è una donna.

Una vera donna. Non un manichino. La fissai con la coda dell'occhio. Si mosse e …si girò. Oh povera disgraziata aveva tutto il volto sfigurato e respirava a malapena…. pronunciò con l'ultimo respiro "Salvati"…..cadde dal letto inerme come un grosso sacco di patate. Tanto incredula,tanto spaventata fui afferrata per un braccio da un uomo inquietante dalla lunga barba nera. Gelido,mostruoso non trovo aggettivi qualificativi migliori per descriverlo. Mi disse: " E' Davvero sconfortante,vedere una donna come Te che si aggira nel mio territorio senza nemmeno bussare. Brava e coraggiosa sei,l'unica donna che non si è fatta ingannare dall'apparenza. Già sapevi tutto eh? Se vuoi sopravvivere devi seguirmi. Lo segui' in un'altra strana stanza. Vidi un'altra donna,non una qualunque,mi apparteneva… era mia sorella…..l'uomo bruto l'aveva violentata era piena di lividi e aveva una cosa tagliente conficcata al ventre,agonizzante mi disse: Sorella mia finiscimi sto soffrendo troppo e non mi resta molto da vivere… Dissi perché proprio lei,….non posso,non ce la faccio, vieni via con me ti porto via da qui. L'uomo disse: per lei è quasi finita ora tocca a te povera ingenua,tremendamente bella senza un minimo d'intelletto. Una donna ti chiede di sopprimerla e tu vuoi salvarla....che stupida.....lei non farebbe lo stesso per te. Ora basta chiacchiere disse,dopo questo macabro spettacolo la seguirai all'inferno considerati già morta.Tentai di liberare la donna invano. L'uomo mi spinse poi prese l'ascia e disse ora implora il tuo Dio che venga a salvarti .....una voce intermedia quasi angelica disse Salvati,salvati ...... apri gli occhi apri gli occhi Oraaaaaaaaaaaaa...................mi svegliai..... e mi accorsi di aver fatto uno dei tanti incubi che succedevano dopo quella mezzanotte di luna piena!

"Vorrei essere"

Vorrei essere una statua per privare le mie emozioni.

Per non gioire per non soffrire.

L'ansia perseguita il mio buon umore...

sono a un passo dalla serenità,

ma ho paura di scoprire un'assurda verità

che possa lacerarmi definitivamente l'anima.

La legge non è uguale per tutti.

Una persona che ammette la condivisione dei suoi beni in parti uguali.

Mente.

I preferiti ci saranno sempre.

A loro non importa quanto amore hai dato,la sofferenza che hai provato e che provi ogni giorno,per combattere questa vita meschina.

Al momento del bisogno dimenticano persino che tu in realtà ci sia sempre stata,nonostante gli insulti,le persone,le violenze psicologiche subite,non ho mai smesso di amare e operare il bene per gli altri.

Oggi il mio ottimismo di migliorare il mondo è deceduto.

I Miei sogni sembrano castelli di sabbia distrutti dalle onde del mare.

La felicità non esiste è effimera dura due secondi,il tempo di rendertene conto e poi rattristarti nuovamente per un qualsiasi banale motivo.

Non sono banali sbalzi d'umore.

Si chiama insoddisfazione della vita stessa. Più si ha più si è infelici. Si stava meglio quando si stava peggio. La mia depressione la dissimulo aiutando gli svantaggiati… non avvalendomi di ricchezza materiale ……. Non ne ho mai posseduta. Mi preoccupo sempre degli altri,ma nessuno mi chiede sinceramente come stai?Se c'è qualcuno lo fa soltanto per uno scopo secondario…….

"L'amore"

Non ha limiti,non ha età.

E' paragonabile all'infinito spazio.

La luna,

le stelle,

i pianeti invidiano questo immenso bagliore che emaniamo soltanto con il cuore.

Siamo immersi nel mondo,due puntini concentrici che ruotano intorno ad un asse.

Non sono atomi,ma le nostre anime che si giurano amore eterno per tutte le vite che ci attendono.

Siamo infiniti come l'universo.

Siamo esplosi come il Bing Bang inaspettatamente.

Non avevamo nessun' appuntamento con il destino.

Questo destino siamo io e te.

Il mondo un giorno conoscerà il nostro nome misterioso.

Così silenziosi nel pianto,si abbracciano le nostre lacrime consolatorie. Uno sguardo vale più di mille parole,è possibile amare anche a distanza,annullando le carezze,

i baci caldi che una donna immagina in un momento di passione. Il mio amore si traduce nel rispetto,nella fiducia,stima e devozione. La mia dolcezza è un'iniezione d'amore per chi soffre. Un mio Ti Amo è raro, un ti voglio bene è prezioso!

Amore di una vita ,perdonami se non rivelo il sentimento,te lo giuro non è orgoglio. Ho soltanto paura che tu non possa provare le mie stesse cose. Sappi che per questa donna sei davvero importante.

Desidero solo che tu sia felice.

La tua felicità è la mia.

L'amore non è fare sesso per possesso,non è il bacio che ti aspetti e ti fa venire la pelle d'oca.

L'amore è perdersi nei suoi occhi è urlargli con lo sguardo "Ti Amo la vita senza di te non ha senso".

L'Amore è condividere tutto quello che non accetteresti mai. Io amo per i difetti perché diventano pregi.

Il mio difetto di oggi' Essermi innamorata,nonostante il cuore frantumato e l'anima con le ali spezzate. Io vivo perché esisti. Tu sei l'anima ed io le tue ali.

"Serena"

Come il cielo stellato in una notte di mezza estate;

come le vette innevate,elevate al cielo;

percorse solo dai nostri pensieri;

come il mare profondo marcante alle nostre profondità interiori;

come il deserto lontano,lasciati bruciare dal fuoco del sole senza incandescenze;

come un'arpa che estrae dalla realtà divine melodie che s'accordano col silenzio dello spirito; come.......

Come mille immagini che sfiorano appena

Il sereno dei tuoi occhi,

delle tue labbra,

del tuo viso;

il sereno del tuo essere che canta alla vita col suono della tua gioia di esserci, per me.

"Chiedo al cielo"

Che cosa sei,cielo?

Non ti chiedo: chi sei!

Non hai un'anima.

Non puoi sentire"dentro".

Non puoi pensare.

Non puoi ascoltare chi ti invoca,

non puoi porre….quando ti si chiede.

Non puoi…non puoi.

Non puoi parecchie cose.

Perché,allora,come sovente la invocazione! Vedi tu!

Fa tu!

 Capisci tu!...

piangi con me!

Ridi con me!

 Accordati a me!

Fammi segno!

Perché il cielo in alto è……con la sua anima.

"Grazie"

A te!

A te che all'amore dai un volto: il tuo.

A te che all'anima dai un nome: il tuo.

Grazie,che sul vocabolario della vita,

ti fai leggere con un aggettivo non comune: un aggettivo
possessivo: Mia.

Per me.

Sei la mia anima.

Sei il mio cuore.

Sei il mio tutto.

Sei …. La mamma di tutte le cellule dell'amore.

Sei la mamma di tutti gli atomi che ti fanno
bella,vera,solare,unica.

Per me,cosi stupenda.

Cosi eterea,purpurea creatura!

"Amore con la A maiuscola"

Il primo latte dell'amore ,

e già ti trovi trapiantato sull' Eden della vita.

E' già il sole pieno.

Cammini in quell'unica via.

Che ci porta ai vertici dell'esistenza,mentre ci muoviamo per le strade del mondo.

La nostra via dell'unico cammino.

E' l'amore.

Sei l'amore.

E perché sei l'amore,tu

Vivi l'amore.

Vivi d'amore.

Dai l'amore.Si!

Mi dai l'amore.

Quello che porta la A maiuscola,

perché è il tuo amore.

Il tuo amore per me.

Il grande amore.

Amore senz' indugio.

Amore senza sosta.

Amore senza misura.

Amore senza confini.

L'amore stampato sulle vette incontaminate del nostro "Tu",del nostro "Io".

L'amore che ti lancia in paradiso,

con l'incoscienza di un mondo che ti vuole trattenere,per un volo sul precipizio.

Amore:il tutto.

L'amore il tuo essere in me,

il tuo essere in te.

Senza schermo.

Ti voglio bene? No Ti Voglio l'AMORE!

"Mille scopi"

Mille scopi nella vita,

mille scopi per la vita.

E tu sei uno scopo?

Fosse anche,per la vita.

Fosse anche nella vita.

Ma tu,sei la vita:

per me:in me,

sulla mia,e per la mia vita.

Se vedo il cielo,se sento il mare,

se cammino su sentieri luminosi,

se sento nell'aria il canto della vita,

se colgo il fiore che mi attira,

se penso l'infinità dell'universo,

se palpito con le ali di una farfalla,

sei libero come una libellula….

Se mi fermo con l'occhio a fissare il defluire di un fiume,

mi avvolge un'estasi divina:

anche allora mi si converge

tutto in un 'unica emozione:

ci sei tu:

tu vedi...

tu pensi...

tu cogli...

tu sorridi...

tu ti liberi...

tu ti fermi.....

tu avvolgi con la tua anima la bellezza della tua bellezza...

e' sei la vita per me,In me.

"appello in Amore:ti chiamo rispondi!"

Gioia!...presente!

calendario d'amore? ...presente!

vita mia.....presente!

impermeabile alla falsità...presente! Laboratorio della mia poesia? Presente! Anima mia? Presente!

Emozioni? Presente!

 Sogno mio? Presente!

Cuore mio? Presente!

Mancanza di assenze!

Essenza del mio essere? Presente! Passione mia? Presente!

Presente ieri,oggi.

Ricchezza mia? Presente e domani? Presente!

 Alfabeto dei miei anni? Presente!

Sorriso senza fine? Presente!

Oasi del mio cammino? Presente!

Mare calmo dei miei giorni? Presente! Cielo stellato dei miei pensieri? Presente! Sguardo profondo del mio spirito? Presente!.... e che presenza!

Sei l'approdo nel porto della mia esistenza... senza età Forever!

Cento dieci e lode in amore!....Presente!

Laureata in amore? Presente!

Cattedra d'amore? Presente!

Registro d'amore? Presente!

Somma di virtù? Presente!

Aurora boreale ai miei orizzonti! Presente!

Potresti fare assenze? Mai!

Sempre presente!

" se tu ci sei batti un colpo!"

Se tu ci sei batti un colpo!

così recitava un'adagio nelle storie passate.

Si intuisce il perché di tale massima...

Ma...

Tu ci sei,

batte il cuore...

un colpo dopo l'altro.

E' un bombardamento di colpi,

altrimenti detti:battiti.

E che colpi!

Tutti messaggi d'amore.

Per te!

Tanti,tantissimi per te.

Giorno e notte....

Seduto,in piedi,cammino,sto fermo...

Ogni battito è per il tuo nome.

Volo con l'aliscafo dell'amore alimentato dal sangue che pompa
nel motore del mio cuore;inietta gioia,desiderio,spinte in

avanti…perché passa la notte e spunta l'alba del giorno che ti porta da me….tutto "brocca" per stringerti,

tutto labbra,per baciarti,

tutto occhi per penetrare dentro il tuo spirito.

E ti fa gridare: Ti amo, Ti amo.

Incommensurabilmente :

sono tuo,

sono tua!

E che vuoi più dalla vita?

E' l'elisir di tanta vita.

Always.

"Senza occhiali"

Ti vedo,senza occhiali.

Ti scrivo,senza occhiali.

Ti descrivo,senza occhiali.

L'amore non porta occhiali.

Talvolta è cieco.

Quella cecità è necessaria per non vedere con gli occhi,ma col cuore.

Abbagliato dal tuo cuore.

Non posso che vedere il tuo cuore con gli occhi della grande cecità.

Son contento di questa mia cecità per te.

"Gioia"

Benvenuta,gioia!

Questa gioia la si può scrivere. Non descrivere.

Gioia di presenza.

Gioia di compatibilità,

 gioia di essenza di cuori.

Gioia che ogni giorno dipinge un arcobaleno a tinte vive,forti. Gioia senza fine.

Adesso questo piccolo spazio bianco si fa leggere senza scritta perché il mio Amore per te,lo vivo pur senza scriverlo qua.

Le mie annose primavere non si contano,ormai;almeno come primavere.

Le tue si!sono fresche.

Iniziano sul tuo calendario della vita,con tutto il verde della primavera.

Ma l'impossibile è reso possibile.

Adesso anche quel possibile è reale.

Per noi è iniziato un canone nuovo.

Quanta bontà nella vita,in te?

La felicità può venire anche per le vie,i canoni "non standardizzati"!

E' questa la vera felicità!

Te la si legge negli occhi,

sul viso,

sulle labbra,

sulle parole,

in tutti i momenti.

Oggi è il tuo cuore che brilla di gioia.

 La nostra,unica,cresce ... eccome!

Giovane e bella;sei!

Giovane e bello è il tuo cuore!

Si scrive giovane e si pronuncia bello.

Per me. E come vorrei solo per me!

L ho incontrato in una camminata di sogni. Tra mille e mille sorrisi. Tra mille e mille voci. Tra mille e mille occhi.

"Tu"

Se non esistessi,ti dovrei inventare!?

No! No! No! No!

Esisti,e mi devo inventare io per te,

per guardare i tuoi occhi,

penetranti di vita,

per cogliere la gioia del tuo sorriso,per misurare col cuore:il tuo amore,

per arrossire davanti alla tua avvenenza, per emozionarmi già al tuo incedere,per trattenere con catene d'oro la tua sincerità,quando esplodi come un vulcano e mi urli: Ti AMO!

" nell'oggi dell'amore"

Tu!

Punta di diamante

Tra i preziosi affetti della mia vita.

Tu!

Il fiore più stupendo sul vaso della mia vita.

Tu!

Ruscello d'acque limpide che ti travolge di fremiti sul laghetto
della mia vita.

Tu!

La congiunzione dell'azzurro del cielo e dello smeraldo del mare.
Sulla mia vita.

"fino a ieri."

Oggi piango con te.

Fino a ieri gli occhi brillavano di gioia.

Fino a ieri,occhi senza lacrime;

fino a ieri entravamo felici sul nostro Eden.

L'incanto,

la magia

tutti i colori dell'arcobaleno spiccavano aloni luminosi.

Stavamo bene.

Bevevamo alla fonte della felicità.

E si usciva in punta di piedi. Senza rumori.

Tanti fiori sbocciavano attorno a noi.

Aria tersa.

Oggi piango con te

Ancora più vicino a te.

Ferita la tenerezza.

Un rivolo grigio nel nostro fiume limpido e puro.

Un po' di morte dentro.

Ma non è la morte:

e' più che vita.

L'amore è anche quello.

Già sul copione.

Amo il tuo amore;

mortificato ma vero,

si bevono anche i sorsi amari.

"Quella primavera"

Quella primavera non l' ho amata

Perché il fiore che avevo piantato

Dentro di me se l'è reciso.

Non chiedevo di essere felice,

forse volevo bere un sorso d'acqua più puro nella vita.

Mi è stato chiesto invece un prezzo senza sconto .

Molto alto.

Ancora non so se il cielo è infinito,se il mare dove è più profondo
è blu.

Adesso mi puoi togliere l'orizzonte che andava a sconfinare
lontano dai miei occhi.

Puoi anche lasciare in alto quella nuvola che copre il sole,per me
è già al suo tramonto.

Quel fiore è solo memoria,

senza confini,

senza sole.

"Dammi la mano"

Esci da questa cornice

La mia mano è forte

Son fatte per asciugare quelle lacrime,

di dolore oggi.

Ti stanno stringendo perché tu non muoia dentro.

Il frutto non è sbocciato.

Il tempo scolorerà la tinta della tristezza.

Più forte il colore dell'amore.

Del mio amore.

Per la vita.

Per te amore mio.

Il mio oggi,

il mio domani.

Tutto tuo.

"La vita è un pendolo che oscilla tra tedio e dolore"

Nel xx secolo si assiste ad uno sviluppo socio-economico che ha conseguito un'elevata emancipazione della società.

Il clima cupo-sociale,opprime la vita di molti giovani considerando essa come un pendolo che oscilla tra dolore e noia.

Vivere i miei tempi non è per niente facile.

L'uomo vive una condizione di eterna infelicità.

Ricerca uno stato d'animo fittizio e ingannevole,

approcciando un'effimera felicità oltrepassando ogni limite imposto dalla ragionevolezza,

un istinto di sopravvivenza che soffoca l'individualità di ognuno. Si sente l'esigenza di essere egocentrici,in questo tugurio che ormai blocca ogni tipo di originalità personale poiché siamo costretti ad imitare modelli e sistemi mediocri,sottostanti alle nostre aspettative reali,che purtroppo la società ci impone. L'individuo abbandona il suo reale status raggiungendo una dimensione utopistica dissimulando le immense tensioni quotidiane.

Perché l'uomo trasgredisce le regole morali e sociali provocando disagi alla civiltà!?..

Il nostro Io rappresenta la coscienza fragile per cui con molta dimestichezza si lascia condizionare dalla realtà pessimista che ci circonda.

Il super io è vigile si trova in contrapposizione tra l'io e l'es,

si reprime dalle pulsioni e dai desideri contenuti nell' es.

L'es è l'inconscio,

il nostro istinto.....e' il lato più oscuro della nostra personalità.

E' oppresso dalle continue ansie del mondo esterno,tende ad emergere attraverso l'io in piccoli barlumi,generando conflitto tra essi.

Conoscere se stessi è il dilemma esistenziale di qualsiasi essere umano.

In ogni occasione,

ognuno sente la necessità si indossare l'abito più elegante,

la maschera migliore tendente alla perfezione nell'imperfezione di se stessi.

Siamo mille maschere,cento volti e un solo individuo.

"Pioggia di lacrime"

Pioggia di lacrime di un cuore squarciato dal niente della vita;

quando gli anni assumeranno il suo essere.

E tu sai che è passato invano.

Non le asciuga il vento che potrebbe farla volare via;

lacrime dal sapore di sale,raccolte sul cavo di quelle mani che tremano di paura a causa delle amarezze,

per aver vissuto senza vivere,

di essere morta senza la tomba.

Ora vivi.

Le lacrime sono di gioia.

La gioia dei tuoi anni giovani.

"Ad una dea"

Tu sei la divinità di carne e poesia.

Tu sei la spiritualità,fantasia ,fragilità.

Sei l'euforia che c'è nei giorni di sole,

tu sei tutto quello che vorrei.

Sei nell'acqua che bevo sulle mie mani,

sei dentro il mio sangue,

sei tu una ragione più travolgente come il vento che scuote il mare.

Tu sei quello che vorrei...

Faccio mie queste parole,per dirti:

sei quella che sei per tendere e arrivare laddove,diceva la Tamara per il suo romanzo:

Va dove ti porta il cuore.

La mia felicità di averti incontrato,

quella felicità che non è mai la meta di un infinito ora.

"Ottobre"

Quella giornata non la scorderò mai.

I miei occhi piangenti di gioia nell'essersi immersi nei tuoi,per la prima volta,ritrovarono la pace interiore mancante da una vita. La mia.

La parte migliore di me si rigenera al suono dolce delle tue lodi. Non sei un diamante, non sei Oro. Tu vali di più.

Un valore inestimabile la tua esistenza.

Mi rendo conto che nulla è eterno. Nemmeno noi. Prometto al mio cuore che la porta è aperta solo per la tua anima.

Tu così indifeso,

così fragile nonostante il carattere forte.

Mi impegnerò a non deluderti mai.

Dio ha sacrificato Te, su questa terra sporca di liquame,

per rimuovere le radici ormai seccate dall'invidia e dalla prepotenza di chi in realtà dovrebbe essere umile come una pecora.

Tanta stima nei tuoi confronti provo e non nego il bene che ti voglio,si intensifica e si rafforza all'infinito.

Mi sento viva grazie a te!

"L'anima"

E' un'aquila bianca che,dopo la morte,nell'oltretomba riconosce il proprio corpo riconciliandosi.

Appena risvegliata dal "sonno eterno" si bagna nel fiume Lete ,soffocata di anamnesi mediante catalessi ,si rigenera in un ventre partoriente,

di un qualsiasi essere vivente.

L'anima si nasconde nell'incoscienza

 Dell'umanità.

Non la vedi con gli occhi,

si respira col cuore.

Non la tocchi.

L'ascolti in una poesia.

"Vorrei essere"

Vorrei essere la mia linfa poetica,

sempre gonfia di battiti di cuore.

Vorrei essere un torrente limpido di acque argentee da bere a sorsate piene,

che mi saziassero d'amore.

Vorrei gridare a tutti con l'impeto di un giovane puledro allo stato brado: "amo essere,amo che ci sia sempre la mia anima oltre la mia anima: la sua anima.

Quell'anima,come il sole dei teletubbies; bella come il sole del suo sole.

"IL PITTORE"

Il pittore è un artista:riproduce quadri secondo la sua vena reale o astratta,

con la pittura parla di natura,

parla di persone,

parla di cronaca,

parla tanti linguaggi…

parla in piccolo o in grande;

parla in bianco e nero;

parla a colori…

parla di cieli e mari,

parla di verdi valli

o di deserti aridi.

Parla di montagne rocciose

O di vette candide….

Parla,parla …. Parla con mille umori…..

Parla di orizzonti e di amori.

Parla della vita……dentro e fuori.

Ed io?

Parlo,dipingo,vivo………di te….

Con l'unico colore quello dell'amore.

Marzo 2004……primo bacio…

Che bella giornata di sole! Elisea era di ritorno a Napoli,dopo una settimana di soggiorno a Modena,dalla sorella di sua madre che aveva avuto una delusione d'amore da parte del marito,dopo tre anni di matrimonio e con una bambina di appena 3 anni,l'aveva tradita con una ventenne universitaria. Elisea era nel fiore della pubertà. Capelli lunghi castano chiaro,alla luce apparivano rossi,occhi grandi marcati dall' eyeliner nero,ciglia folte,labbra carnose,il seno era appena sbocciato,un bel fisico da donna matura. Indossava una maglia nera dalle maniche velate in pizzo con qualche strass scintillante,una lunga gonna nera jenseata con lo spacco di lato. Gli stivali neri lucidi col tacco basso erano a pois.Era seduta al penultimo vagone dell' Eurostar. All'improvviso un ragazzo molto carino,alto,magro,occhi verdi colpi' particolarmente l'interesse della ragazza. Tra i due nacque una bellissima intesa di sguardi penetranti e molto maliziosi. Elisea girava la testa per non farsi notare dalla zia. Il ragazzo di fronte a lei aveva un'aria scocciata ,almeno da quello che si percepiva nell'aria. Si alzò di scatto aprendo la porta dello scompartimento e cambiò vagone. Istintivamente lei lo segui' e lui era proprio dietro la porta ad attenderla. Non appena quella porta si aprì lui la trascino a sé dolcemente……i due si baciarono alla francese. Si lasciò talmente andare che pensai tra me e me"come fa una ragazzina di 12 anni a baciare un perfetto sconosciuto senza sapere né il nome né l'età?.....lei non aveva mai baciato nessuno e sperava che lui non se ne fosse accorto.

Quando Elisea aprii gli occhi da quel bacio, lui disse: Sarei venuto fin li se non fossi venuta qui da me,mi hai fatto perdere la testa,baci benissimo. In 26 anni,non ho mai visto una ragazza cosi bella e seducente come te! Comunque piacere, Antonio. "Tu chi sei"?

Chiese ad Elisea. Rispose: " Sono Valentina e sono di Napoli….indovina quanti anni ho"?

Lui rispose: "Beh non saprei 22-23".Ella rispose di no:" Sono piu' piccola". Antonio disse: " ho capito sei dell'85,si vede che sei Donna". Rispose la fanciulla arrossendo: "Hai indovinato sono dell'85".I due ripresero a baciarsi appassionatamente senza sosta lasciandosi andare….il bacio fu interrotto da un'altra domanda: "Che fai nella vita Valentina?Lei con aria indisturbata si passò la mano tra i lunghi capelli setosi rispondendo: " Sono diplomata all'alberghiero,sto cercando lavoro"….la interruppe affermando che era proprietario di un bed and breakfast   a Roma e le diede il suo bigliettino da visita e poi aggiunse: "Chiamami se hai bisogno……..Ma dimmi ti rivedrò ancora Valentina?Certo se ci sarà occasione rispose guardando fuori al finestrino con la testa chissà dove…..pensava: " Figurati se ci rivedremo non ho nemmeno un cellulare per chiamarti,poi mia madre non mi fa uscire durante la settimana,a stento esco durante il weekend per andare in chiesa con le amiche oppure al giornalaio della stazione per acquistare la mia rivista preferita,poi di corsa a casa". Dopo un burrascoso silenzio Antonio disse:"Tra una fermata scendo"....Rispose Elisea:"Di già"??

le scese una lacrima di dispiacere.... lui l'abbraccio e disse:"purtroppo si!baciami....baciami ancora..."il suo profumo di ice berg si impregnò sulla pelliccia che le aveva regalato sua zia a natale.

Il treno con una frenata delicata si fermò improvvisamente..... Antonio prese le valigie da terra e le diede l'ultimo bacio e disse:"Scendo qui.... Vale chiamami appena torni a casa....aspetto la tua chiamata...ci conto"!

Scese dal treno e la fissò tutto il tempo finchè il motore non si accese per ripartire............lei con un dito le disegnò un cuore sul finestrino un pò annebbiato e lui ricambiò con un bacio al vento,mentre diventava sempre più distante,più piccolo da lontano sembrava una pianta......Elisea era fiera ma allo stesso tempo dispiaciuta perché sapeva in cuor suo che non l'avrebbe mai più incontrato, si diresse verso il suo vagone dove l'attendeva sua zia.....ma un altro uomo si avvicinò stupendo,molto curato in giacca e cravatta... un'uomo d'affari..... Disse:"Vi ho osservato tutto il tempo sembravate proprio due "fidanzatini",peccato che sono troppo grande per te e tu sei troppo piccola per me,non hai 19 anni anche se ne dimostri di più',però ti comporti già da Donna. Non conosco la tua storia,non ti giudico. Però posso dirti con tutta sincerità che quando avrai l'età che hai inventato oggi,sarai una Dea,molti uomini ti aduleranno ....Beato quel ragazzo di 5 minuti fa.

Ho visto come l'hai fatto "innamorare"se lo avessi fatto io,mi avrebbero sbattuto "dentro"senza pensarci due volte.....Ora vado non voglio importunarti. Tolgo il disturbo.

Addio Valentina, Buona fortuna!"

"Aprile 2009, dal diario di Elisea"

Quel giorno c'era il sole,giornata mite. Si stava bene.

Ero al 3 liceo. Purtroppo quell'anno non frequentavo la scuola assiduamente,nonostante prendessi buoni voti (7-8).

 Furono dimezzati a 3-4,valutazione validissima per qualificarti alla bocciatura per assenteismo. I professori mi presero in disparte quel giorno,riunendoci in un'aula di fronte al terrazzo ove fumavo di solito dopo le interrogazioni. Essi dissero:" Cosa ti sta accadendo? Un'alunna esemplare come te che ha sempre studiato,costante nell'impegno, sempre puntuale ,mai un ritardo,mai un'assenza,molto responsabile delle sue azioni. Quest'anno sei irriconoscibile.

 E' da settembre che ti comporti così.

Le tue compagne di classe vociferano " Prof,il genio della classe ha la crisi esistenziale".Certo mi consideravano un genio perché salvavo i miei compagni impreparati. Ero diventata non so neanch'io come... l'eroina della classe,aiutavo chi non studiava non per gli elogi.

Ma perché mi sentivo bene interiormente.

Forse ero così responsabile perché ero cresciuta troppo in fretta rispetto alla mia giovane età. Una ragazzina di 16 anni che ne dimostrava 30 di maturità".

La prof d'italiano,una giovanissima insegnante appena arruolata mi rimproverò dicendo: " Mi deludi Elisea, nella scuola si dice che eri una delle migliori,sei stata capace di arretrarti 150 pagine di italiano,150 di storia.150 di latino. Non ce la potrai mai fare. Cosa pensi che questa è un'università?

Vieni quando vuoi tu,solo per gli otto e poi sei assente dal 19 settembre! Ti rendi conto che ti sei auto bocciata, autodistrutta?

Dante Alighieri ti avrebbe considerata un' "IGNAVA OPPRESSA".

Quelle parole furono delle coltellate al cuore. Tornai a casa senza dire A…. pranzai con lo sguardo basso,assente,spesso. E andai in camera mia,la chiusi a chiave.

 Presi il libro d' italiano e iniziai a studiare la Divina Commedia "Nel mezzo del cammin di nostra vita,mi ritrovai in una selva oscura…………."cercando di dimenticare il negativo delle mia vita. Accesi la radio per distrarre la mente ed ascoltai la canzone di Laura Pausini – Primavera in anticipo. Una canzone molto bella per niente angosciante. All'improvviso piansi disperatamente e dissi: "Ora basta piangere,oggi è il mio ultimo giorno di vita,devo essere felice". Iniziai a scrivere su dei fogli il mio "Addio alla vita". L'addio per sempre alla sofferenza,e al mondo schifoso che mi circondava. Non ascolto Primavera in Anticipo dal 29/04/2009. Il giorno in cui decisi di smettere di esistere. Scrissi quelle lettere a malincuore per mia madre e una mia cara amica.

Portai con me,quella di mia madre,spalancai la finestra del mio balconcino,aprii molto delicatamente il cancelletto verde,senza che si udisse alcun rumore. Attraversai il corridoio del terrazzo e mi addentrai all'interno del palazzo. Salendo le scale frettolosamente mi cadde dalle tasche del pantalone la lettera per mia madre,non ci feci neanche caso! Proseguì per l'astico .Apri' il lucchetto con la chiave...spalancai la porta e dall'immensa terrazza si vedeva a nord il cimitero a sud la tangenziale a est il vesuvio con dei palazzi in lontananza e ad ovest la stazione ferroviaria.....Guardai l'orizzonte con molto stupore come se fosse la prima volta,mi appoggiai al muretto e lo scavalcai,restando in piedi senza alcuna protezione sul cornicione. Pregai a Dio per non farmi sopravvivere. Chiesi scusa a me stessa,al mio cuore. Dovevo farlo- Contai fino a 3 molto lentamente 1...............2...............3...................spalancai le braccia per imparare a volare.

 Il primo e ultimo volo dell'angelo,il più emozionante,il più sublime,il più...

Erano le 20:00.

Sono libera. Avevo inclinato la testa verso il basso ....

Si udii' nell'aria una voce disperata"...Noooooooooooooooooooo!!

non farlo ti prego!!fermati!!!........".Era mia madre!! "Se ti perdo mi dai un dolore incolmabile!! Ti ho trovata grazie a questo foglio,non ho nemmeno letto.

L'istinto mi ha portato qui. Perché fai questo?

Non sono abbastanza presente per portare avanti la famiglia.Perdonami! Scendi subito!!!!dammi la mano!!"

Io dissi sei venuta in tempo se venivi alle 20:05 sarei già morta!!lei disse: " Se era destino salvarti,significa che non devi morire ora,non così!!

Abbracciami e dimentica tutto!!Facciamo finta che non sia successo niente.

Chiudi gli occhi amore mio e sogna!!sogna di cambiare il mondo!!Ci riuscirai un giorno. Fa sì che ciò diventi la tua missione!!Buona fortuna figlia mia!"Fu un pianto senza lacrime,lacrime umane.

Non avevamo mai pianto insieme.

E mi disse:" ti voglio bene!!"Non me l'aveva mai detto prima.

Lesse la mia lettera e poi non so cosa abbia fatto. So solo che ,se oggi vivo è grazie a lei. Mia madre! Da quel giorno maledetto capii che nessuno può volerti bene più di tua madre. Oggi sono mamma e solo ora posso capire cosa significa amare un figlio e sacrificarsi per esso.

Se perdessi mio figlio,morirei.

Chi ti vuole bene più di una madre t'inganna.

"Inverno ghiacciato"

La giornata è appena iniziata,fuori piove,

siamo in pieno inverno.

La pioggia sembra che invochi un inno alla vita.

Sono accecata dalla nebbia fitta,penetrante.

Non so da dove proviene questo immenso dolore che mi sta lacerando piano,piano.

Sto affogando in un oceano di lacrime che la mia maschera di cera non riesce più a reggere.

La mia anima si sta indebolendo,

sta invecchiando di almeno 10 anni.

Questa nottata insonne mi ha fatto pensare molto....se cinque anni fa avessi imparato a volare,noi due non ci saremmo mai incontrati.

Come una ginestra incenerita dalla lava,ormai spenta.

Cerco di rinverdire il mio fusto fragile.

Mi sto rialzando,sto rinascendo con te!

Si proprio tu.

Non puoi lasciarmi adesso,proprio ora che ci stavo credendo alla tua esistenza. Eri un bellissimo dipinto nella mia anima.

Sei vivo,non sei più un' incognito.

Ho rivelato la tua identità dopo molti anni.

Credo di esserci riuscita.

Ho scalato l'Everest per trovarti.

Ho navigato in un fiume di infamie e delusioni per giungere in questo posto…..

"Ho sceso migliaia e migliaia di gradini….."

"Pioggia d'autunno"

Passeggiando in uno dei miei fantastici sogni.

Mi ritrovai davanti a te,mi prendesti per mano e corremmo lungo il fiume rosso ciliegio.

L'aria fresca sprigionava l'elisir di gardenie appena sbocciate.

Quel bacio fu circondato dal soave rumore della pioviggine d'Autunno.

Così spensierati noi due,

cademmo nel sonno eterno riservato da quel posto incantato,così magico.

Da cartolina.

Per incontrarci,l'oceano abbraccia le nostre lacrime gioiose e le trasforma in gemme preziose,introvabili in natura.

Bisogna morire per poi rinascere per rincontrarti.

L'oblio ci inganna,ma l'amore vince anche con l'incoscienza.

Dovessi perdermi dalla mia "Itaca" riconoscerei sempre il mio "Ulisse",ovunque il destino mi collochi, anche in Inferno saprei trovarti Amore mio! Così delicato quando mi accarezzi il viso,cosi penetrante nell'anima.

Il cuore di Elisea t'appartiene da quando siamo nati.

Nella culla del fato era inciso il nostro Eterno Amore.

Mi hai aspettato così a lungo senza mai perdere la speranza.

Il flusso rapido di una sorgente mi ha portato da te,e tu mi hai raccolto come una gardenia.

La cipria del tempo non scolorirà mai il nostro amore,non invecchieranno i nostri giovani cuori. Ti aspetterò ancora tutti i giorni di questa mia vita. Ed ogni appuntamento sarà sempre come se fosse il primo,mantenendo l'intensità dell'ultimo.....Il nostro non sarà mai

un ' Addio ma un'Arrivederci alla prossima vita.

"Frenesia dello spirito"

Affiorano alla mente emozioni effimere,dall'immensa gioia alla devastante tristezza dei giorni agonizzanti della tua inafferrabile assenza.

Assenza di emozioni,assenza di presenza,assenza di te.

A volte penso che la dipendenza sia la rovina dell'uomo. Dipendiamo da un imprinting incondizionato che lega un genere all'altro. L'effimera assenza diventa una malattia patologica che si assembla alla depressione di non esserci realmente. Si costituiscono rifugi in emarginabili alla ragione e al sentimento. La tenerezza di un abbraccio può rivelarsi guarigione ottimale dell'anima. Nei momenti in cui hai realmente bisogno di un abbraccio sincero,proprio quello viene a mancare.

Esso non può essere sostituito da un banale bene sconosciuto e superficiale. Sei arrabbiato con la vita. Si con la vita. Quanto bella tanto ingiusta. Troppi pregiudizi infangano la personalità dell'Io. Vorresti essere............ma in realtà non sei.

Vorresti avere.......ma in realtà non puoi avere.

Illusione di amarti follemente come vorrei.......non voglio.....non posso!!

Potrai avermi solo nei sogni se ci credi.

Se non credi nell'immensità dell'anima significa che sei già morto. Impedisci al tuo io di esistere.

Io esisto solo perché tu in verità non esisti.

Non sei mai esistito.

Scrivo al nulla.

Ti ho immaginato sin dal primo momento che ho raggiunto l'età della ragione.

La mia riflessione è ambigua,ma valida per essere tale. Pur essendo in forte contrasto emotivo.

La consapevolezza dell'esistenza tua allevia le pene ma allo stesso tempo,mi fa rendere conto che inverosimile questo sentimento sproporzionato è completamente autodistruttivo.

Il big bang non è nulla in confronto al mio stato d'animo attuale.

Assenza di battito di ciglia è la mia mano confusa che ricerca l'esigenza di coprire con l'inchiostro questo foglio.

Il senso può trovarlo uno stolto anziché una persona colta. Non c'è testo,non c'è dizionario,non c'è enciclopedia che possa tradurre questa mia frenesia.

Chi mi capisce è solo un folle.

"Senza parole"

Senza parole;descrivo il mondo in cui vivo.

Un mondo ricco di incomprensioni e incertezze.

La vita diventa monotona,sempre più insolita,cupa,pesante … si spegne quasi il senso della vita,nella testa ,mille pensieri negativi,risaltano la passività che è in me,annullando la comunicazione con i miei simili,non ho più amiche né un ragazzo …. sono sola …. sola come un fiore appassito in un immenso prato grigio e spoglio.

"Al mio amore"

Come vedi nemmeno io porto gli occhiali,

nonostante la cecità,non urgono al cuore.

Eri vivo nell'immaginazione,

non credevo che esistessi davvero in questo piccolo angolo del mondo,sono onesta ….

non ti ho cercato perché mi credevo sconfitta dalla nostalgia di un amore Mai esistito.

Ho sofferto per niente,ho combattuto per niente.

Ora che sei nelle mie mani,non ti lascerò solo etereo diamante… brilleremo insieme più di miliardi di stelle messe insieme. Siamo due anime pure,con lo stesso desiderio di evadere in un posto paradisiaco,che non sia questo,un luogo in cui potremo venerare quell'amore simile all'Onnipotente.

Regalami il tuo cuore ed io ti darò l'anima,

regalami un amore sincero ed io ti darò un figlio.

 Ti ho depositato apparentemente nell'Oblio,ma ti prometto che nella prossima vita,ci incontreremo in altre vesti,sempre più uniti,più innamorati di questa vita. Il mio canto d'amore lo ascolterai anche durante la solitudine .Mi ricorderai per sempre in questa canzone,ti consolerò col pianto,perché sono sicura al cento per cento che un giorno piangeremo insieme.

Il mondo è meno infame da quando ci sei tu nella mia vita!

Grazie di esistere!

" La libertà"

E' un bocciolo di rosa che si schiude al primo raggio di sole dopo la tempesta d'inverno.

L'Impossibile diventa possibilità ragionevole,una consapevolezza di dare risposta all'ignoto.

E' il vagabondo che esplora la vita tutti i giorni senza supposizioni e pregiudizi,colui che incanala la strada giusta dopo essersi perso a lungo.

Contemplare un'anima sofferente offrendo un cuore puro,significa essere libero della schiavitù dalla prigionia di te stesso.

E' Dire il buongiorno all'universo,anche a chi un tempo si è rivoltato contro.

E'una farfalla che abbandona il bruco sbattendo le ali verso un nuovo orizzonte.

E' accettare la vita così com'è,ci è stata donata lusingandone i difetti,visionandoli sotto un'ottica positiva

E' come quando un giovane uccellino si prepara a spiccare il volo,sei incosciente,combatti per sopravvivere,per non diventare preda del "cacciatore assetato".

Si è liberi di sognare ,il sognatore è colui che cambierà il mondo domani. Non è follia si chiama volontà audace. Appartiene ai fortunati i "cosidetti figli di Dio". Non perdere mai la fede in un culto se ci credi veramente,vai fino in fondo.

La vita è insensata se non credi al nulla.

Gli atei invidiano la libertà cristiana.

La morale religiosa non schiavizza l'uomo ma al contrario,lo rende libero. Oggi sono libera perché ho conosciuto il mio Dio che mi salva dalle tenebre. Il mio cuore di ghiaccio finalmente è tornato a vivere. Elisea è libera. Sono forte perché ho sconfitto il sentimento marcio esistente in me. Il rancore di un amore mai esistito. Perdonami Dio se ho tentennato in questi anni immaturi.

Oggi ti sono riconoscente.

Mi impegnerò nelle opere virtuose,imparerò dal mio "Maestro di vita".

Credo nella reincarnazione di anime,in un'altra vita precedente,sicuramente l'irrazionalità mi ha colta in flagrante.

Non ricordo i momenti precisi,purtroppo l'oblio mi condanna cancellando la reminiscenza. Sono consapevole che la mia anima sin dalla nascita sia stata ripulita nel fiume Lete,fiume dell'oblio,laddove sfocia l'anamnesi. In ogni vita mi affidi una missione,che al momento del completamento di quest'ultima mi chiamerai a Te e permetterai la resurrezione in qualche altra vita folle.

Sprofondando nel sonno eterno:La morte.

Non è poi così triste morire se poi rinasci in un nuovo corpo.

Dovevo andarmene anch'io ma tu non me l'hai concesso,hai aiutato un'altra anima purchè quest'ultima mi salvasse dall'assenza di respiro... perché?? Non trovo spiegazione logica. Non dirmelo,scoprirò quest' enigma vivendo,da adesso.............

"pioggia di lagrime"

Pioggia di lagrime da un cuore squarciato dal niente della vita;

quando gli anni ti assumeranno il "suo essere",e tu sai che passato invano.

Non le asciuga il vento che potrebbe farle volare via;

non le assorbe il sole che insiste oltre le nubi.

Lagrime dal sapore di sale,raccolte nel cavo di quelle mani che tremano di paura color dell'amarezza.

Per aver vissuto senza vivere,

di essere morta senza la tomba.

Ora vivi.

Le lagrime sono di gioia.

La gioia dei tuoi anni giovani.

"La felicità"

Non si può cercare la felicità

Senza aver valicato i confini della solitudine,

sofferenza che ti lacera l'aorta del cuore.

Uomo o donna,

giovane o vecchio...

la sofferenza dell'anima non conosce età.

Il vecchio è saggio non patisce il domani,

non teme la morte,

il giovane consolida il vecchio.

Non è detto che il vecchio possa morire prima del giovane.

I casi della sorte sono invani.

Il giovane può andarsene anche domani,

senza se,senza ma.

Chi teme la morte è sciocco,

non si rende conto che la non vita non provoca dolore.

E' il pensiero,il turbamento che lo imputa.

E' un bene chi vive nel dubbio.

La troppa sicurezza di noi,

comporta sempre di più a tradire la coscienza,ci fa risultare incoerenti e falsi oratori.

Il metro di giudizio si ricava dagli errori compiuti.

E' fallace prendere esempio dalla folla in quanto non conosciamo la singola e personale storia.

L'esperienza è l'unica maestra di vita. Le chiacchiere della folla le porta via il vento. Sono soltanto fonte di pregiudizio ed etichettamento.

Essere felice significa essere soddisfatti di sé stesse ,raggiungere il giusto equilibrio tra corpo e psiche. Curarsi l'estetica significa volersi bene.

E' L'accettazione della propria anima.

Inoltre è fondamentale bastarsi senza creare alcuna dipendenza. Bisogna essere autarchici e disinvolti alle passioni,in quanto sono effimere e sfuggenti come l'attimo.

La pacatezza e il temperamento si raggiungono quando Es ed Io stabiliscono il giusto equilibrio del libero arbitrio,consono per poter combattere le frustrazioni di un ricordo vagante della memoria,il quale provoca turbamento e depressione.

La depressione si elimina annullando le emozioni negative attraverso azioni quotidiane piacevoli e liberatorie,possono essere: il canto,il ballo,lo scrivere su un foglio quel determinato stato d'animo,suonare uno strumento,cucinare,curare il proprio corpo oppure fare shopping.

Necessita la concentrazione su un chiaro obbiettivo per raggiungere quella contentezza effimera,in modo che si possa scacciare ansia e tensione.

"Sogno divino"

Nel bel mezzo dell'attività onirica,

mi ritrovai in un luogo sacro fantastico.

Non una qualsiasi Moschea,

non erano i campi Elisi,

ma il giardino del mio cuore.

In trepidante raggiunsi il mio sposo.

Colui che rapì l'anima mia.

Con la dolcezza nonostante l'amarezza

Del suo lunghissimo calvario.

Un bacio,

forse il primo,

forse l'ultimo,pensai.

Quando aprì gli occhi la sua immagine scomparve.

C'era qualcuno coperto da un lungo manto nero velato.

Si vedevano solo gli occhi.

Una voce,la sua,udì.

"Sei giovane,il tuo cuore è nobile".

Risposi: "Rivelati". Chi sei straniera?

Disse: Non mi conosci,non appartengo alla tua epoca. Non appartengo alla tua vita.

Se ci tieni davvero ti mostrerò la mia identità.

E con le candide mani,si spogliò del velo nero che la copriva tutta.

Una donna stupenda,dagli occhi grandi e profondi.

Che dico. Una Dea!!!

Pensai: "questo viso non mi è nuovo...

Ma sì è lei la donna della foto.

Disse: "ho un messaggio per il mio unico vero amore.

"Deve smetterla di angosciarsi,di incolparsi sulla mia morte,sulla madre,sulla famiglia,sulla vita.

Nonostante i miei futili errori,lo amavo davvero,era l'uomo della mia vita.

Basta sofferenze.

Basta sensi di colpa.

Ora deve vivere a pieno questi anni "lunghi" che gli sono rimasti.

Tu puoi ragazza mia,non temere.

Tu sei la sua felicità.

"se gli darai il tuo cuore,lui ti darà l'anima sua"

Non abbatterti perché tu hai un grande dono e,nessuno potrà farti del male.

Ma dimmi una cosa…….Sei innamorata?

Fu cosi che Elisea si risvegliò in una valle di lacrime pronunciando….. "Si".

Indice